QUICK GUIDE
TO COLOMBIAN
SPANISH

LANGUAGE BABEL, INC.

ISBN-10: 0-9838405-5-5 (paperback)
ISBN-13: 978-0-9838405-5-8
Printed in the United States of America by Language Babel, Inc.
Version 1.1

PRESENTATION

This quick guide of words and phrases from Colombia will help you better understand the South American-Caribbean country. The collection of more than 450 terms and sayings will help you become familiar with the richness of the Colombian Spanish language. It includes colloquially used words and some dirty ones too!

Each term has been defined in English and synonyms and antonyms are included when available. There are also 460 example sentences. Each entry is presented as follows:

> **campante:** easy-going, laid-back
> SYN: tranquilo, despreocupado
> ANT: intranquilo, estresado, nervioso
> ✐ *¡Ah no! Es que ese man se metió todo campante al concierto sin pagar la boleta y no le dijeron nada.*

Abbreviations and Symbols:
SYN: synonyms or similar words
ANT: antonyms
✐ example sentence

PRESENTACIÓN

Esta guía rápida de palabras y frases de Colombia te ayudará a entender mejor el habla de este país suramericano y caribeño a la vez. La recopilación de más de 450 términos y dichos te ayudará a familiarizarte con la riqueza del español colombiano e incluye coloquialismos sin dejar fuera algunos vulgarismos.

Cada término ha sido definido en inglés y, en la mayoría de los casos, se han incluído sinónimos, antónimos y ejemplos de uso. Para facilitar su comprensión, las entradas están presentadas de la siguiente manera:

> **campante:** easy-going, laid-back
> SYN: tranquilo, despreocupado
> ANT: intranquilo, estresado, nervioso
> ✐ *¡Ah no! Es que ese man se metió todo campante al concierto sin pagar la boleta y no le dijeron nada.*

Abreviaturas y símbolos:
SYN: sinónimos o palabras similares
ANT: antónimos
✐ Oración de ejemplo

Spanish Words & Phrases from Colombia

A

a matar: to have sex

a toda mecha: super fast
EX: Ese carro salió a toda mecha.

abonado: flush, loaded
SYN: caleto, guaqueado
ANT: arrancado, pelado
Desde que empezó a trabajar, Frank está abonado.

abrirse: to leave
Bueno, yo me abro. ¡Adios!

aguacate: rain, from the word "aguacero"
Que aguacate que está cayendo.

aguanta: wait, hold up
Aguanta ahí que no estoy listo.

aguanta: something that sounds good, could be a possibility
Aguanta ir a cine ahora por la tarde.

al pelo: perfect
Ese traje me quedó al pelo.

aleta: a person who is happy or content
ANT: enojado

añalar: to stab someone
Lo añalaron porque no se quería dejar robar el celular.

añoñi: an affirmation, of course, duh
¿Pasaste bueno anoche? ¡Añoñi!

ardido: to be sore, resentful
Quedó ardido cuando perdieron el partido.

arepa: vulgar word for vagina
SYN: chocha, chimba, cuca
¡Uy, mamacita que arepa más buena tienes!

arepera: lesbian
✎ *¿No sabías que esa vieja era arepera?*

arrancado: skint, broke
SYN: pobre, en la ruina, llevado
ANT: adinerado, luqueado
✎ *No parce, es que no pude llevar a esa vieja al cine porque estoy arrancado.*

arrastraderas: sandals for wearing around the house, thongs, flip-flops
SYN: chanclas
✎ *No dejes las arrastraderas en el pasillo que se ven muy feas.*

arrecho: to be horny
SYN: ganoso
✎ *Ese man es más arrecho, no piensa sino en pichar.*

atarván: someone aggressive and rude
✎ *¡Qué atarván pa' manejar!*

atrapa locas: women's underpants, high briefs or granny style

avión: crafty
SYN: avispado
ANT: bobo, tonto, apelotardado

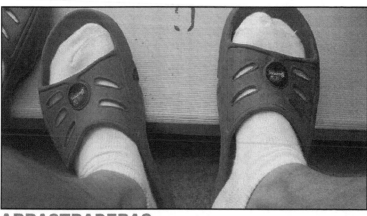

ARRASTRADERAS

🖉 *No, es que ese man es un avión.*

avispado: someone smart, sharp, quick-witted
EX: Que niño tan avispado pa' la edad que tiene.

babilla: an ugly woman
SYN: bagre, cocodrilo, gurre
🖉 *No joda, ¡qué babilla!*

bacano: cool, awesome
SYN: nota, chimba, cuca, chévere
🖉 *¡Ayer vi una película súper bacana!*

bagre: an ugly woman
SYN: cocodrilo, babilla, gurre
🖉 *Esa pelada es un bagre.*

bambas: cheap jewelry
SYN: joyas baratas
🖉 *¿Qué hubo parcero? ¿Dónde consiguió esas bambas?*

bandera: common and ugly
SYN: ordinario, feo, desorganizado

ANT: pinta, chimbita

✐ *No, es que ese Juan si es una bandera quizque con traje y de cachucha.*

bareta: marihuana
SYN: moño, marimba

✐ *¿Vamos a comprar bareta o qué?*

barro: not cool

✐ *No le hagas eso a tu amigo, barro.*

bartolo: someone who is or gets high (derogatory)

✐ *Ese loco es un bartolo.*

billullo: money
SYN: billete, lucas, la liga

✐ *Traiga billullo que hoy vamos a farrear.*

BILLULLO

bizcocho: an attractive woman

bluyiniar: to dry hump

✐ *¿Qué hice con ella? Bluyiniamos.*

bogar: to gulp a drink down quickly
SYN: tomar, tragar, comer, ñasquear

✐ *Después de que usted se bogue una botella de güaro va a sandunguear.*

boli: a specific type of popsicle made from frozen fruit juice sold in a long plastic bag from which it is directly sucked out

✐ *Chúpate un boli.*

bolillo: police

✐ *Ya vienen los bolillos. ¡Vamos!*

bollo: a good looking person

✐ *¡Esa pela' es tronco de bollo!*

bollón: someone conceited, stuck-up, uppity

✐ *Ese pelado me*

cae mal, es un bollón.

bololó: a commotion, uproar, tumult
📝 *Eso se formó un bololó después del partido, quedó la cagada.*

bonche: a fight
📝 *Anoche se armó un bonche en la fiesta.*

bordos de olla: large women's underwear
SYN: cucos, calzones de mujer

brasilera: g-string
SYN: tanga
📝 *Yo duermo en brasilera, si tu duermes en bóxer.*

bregar: to put up with something
SYN: lidiar, aguantar
📝 *No lo vuelvo a llevar al zoológico que usted es muy difícil de bregar.*

breve: easy

SYN: fácil
ANT: díficil
📝 *Hágale que yo le hago esa vuelta breve.*

brillar baldosa: to dance. Literally 'to shine the tiles'
📝 *¡Vámonos pa' una discoteca a brillar baldosa!*

BRILLAR BALDOSA

buchipluma: someone who only talks shit, who doesn't come through on anything they say
📝 *Pa' joderte, tu no eres sino buchipluma.*

buñuelo: a novice driver
SYN: novato, nuevo
ANT: experimentado,

13

trajinado
📎 *Ese man está buñuelo para manejar moto.*

burro: someone who smokes pot
📎 *En ese parque van todos los burros a fumar.*

buseta: a bus
📎 *Accidente de buseta en la Autosur deja 12 pasajeros heridos.*

BUSETA

C

cachaco: used by inhabitants of the Caribbean coast to describe anyone else from the rest of the country
📎 *Ellos son turistas cachacos.*

cachetero: women's underwear

cachucha: a baseball hat
📎 *Me compré una cachucha de Ed Hardy, una nota.*

cacorro: to be fed up with something
📎 *Me tienes cacorro con esa canción.*

cacorro: queer, gay, homosexual
📎 *¡Ese man es un cacorro!*

caer: arrive somewhere
SYN: ir
📎 *Dígale a Juancho que yo le voy a caer por la noche.*

caerle a una mujer:
to go and visit a
woman
SYN: marcar, cortejar
✐ *Ah, es que no
puedo ir al partido
de fútbol porque voy
a caerle a la Yadira.*

cagao: coward
SYN: cobarde
ANT: valiente
✐ *Tú eres tan cagao.*

caja: laughter
✐ *¡Qué caja esa
película!*

caleto: flush, loaded
SYN: luqueado,
guaqueado
ANT: arrancado,
pelado
✐ *Muchachos, hoy
invito yo la cerveza
porque estoy caleto.*

calidoso: a good
person or a person
who does something
well
SYN: buena gente
ANT: malo
✐ *Ese man es un
calidoso para jugar*
fútbol.

calidoso: dude
✐ *¡Hey calidoso!
Venga un momento.*

calienta huevos: a
prick tease
✐ *Esa vieja no es sino
calienta huevos, da
casquillo pero nunca
suelta nada.*

caliente: dangerous,
applied to a place or
situation
SYN: peligroso
ANT: tranquilo
✐ *¡Uy hermano!
Yo no voy por allá
porque ese barrio
está muy caliente.*

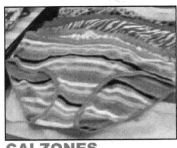

CALZONES

calzones: woman's
underpants

campante: easy-

15

going, laid-back
SYN: tranquilo,
despreocupado
ANT: intranquilo,
estresado, nervioso
✎ *¡Ah no! Es que
ese man se metió
todo campante al
concierto sin pagar
la boleta y no le
dijeron nada.*

caña: jail
SYN: prisión
✎ *Se lo llevaron pa'
la caña por andar
tomando en la calle.*

CANECA

caneca: trash can
SYN: basurero
✎ *Iba a toda*

*velocidad en una
bicicleta y me fui
de jeta contra
una caneca de la
basura.*

CANDONGAS

candongas: earrings
SYN: aretes, topitos
✎ *¿Dónde
conseguiste esas
candongas tan
enormes?*

carechimba or **cara
de chimba:** pussy
face, an insult
✎ *¿Qué mira,
carechimba?*

caribeño: expensive
SYN: caro,
costoso
ANT: barato,
económico
✎ *Este trago es
bueno pero muy*

caribeño.

casco: long or 'big' hair, not complementary
SYN: estar peludo
ANT: estar calvo
✐ *Vaya motílese ese casco pa' que pueda ver.*

casposo: a person who talks bullshit
SYN: hablador, mentiroso
ANT: honesto
✐ *¡Ah! no crea todo lo que ese man le dice, que ese man es un casposo.*

casquillera: a female who likes to put herself on display and be seductive
✐ *Esa vieja es más casquillera, le encanta andar mostrando las tetas.*

chácara: balls, testicles
✐ *Tengo las chácaras apretadas.*

chacarón: an idiot
SYN: güevón
✐ *Tu sí eres chacarón.*

cháchara: talk, conversation
✐ *Aquí estamos echando cháchara.*

chamba: a scar
✐ *Mera chamba la que me quedó después del accidente.*

chanclas, chanclitas: sandals
✐ *Hoy fui a comprar lo del desayuno en chanclas.*

chanda: a low-down, nasty person
SYN: gonorrhea
ANT: buena gente
✐ *¡Ah! es que usted si es una chanda robándole la plata a la abuelita.*

charro/a: funny
✐ *¡Qué película tan charra!*

chorro: alchoholic drink
✐ *Vamos a la tienda por chorro.*

CHORRO

chayán: handsome
SYN: lindo
ANT: feo
✐ *No, es que ese man tiene a todas las viejas del colegio detrás de él, ese es un chayán.*

chéchere: something old and out of date, for example a car
SYN: vejestorio, viejo
ANT: nuevayor, nuevo, moderno
✐ *Es que eso ya no es un carro, sino un chéchere.*

chepa: good luck
✐ *Me salvé de la multa de pura chepa.*

chepazo: a stroke of luck
✐ *El gol fue un chepazo.*

chévere: drunk
SYN: prendido, embellecido
ANT: sobrio, en sano juicio
✐ *Esa vieja con dos copitas de ron ya está toda chévere.*

chévere: cool, awesome
SYN: nota, chimba, cuca, bacano
✐ *¡Qué lugar tan chévere, me gustó mucho!*

chicharrón: work one is given which turns out to be difficult or

18

complicated to do
SYN: díficil, duro,
trabajoso
ANT: botado
✎ *Que chicharrón
cuidar a mi
hermanita toda
enferma.*

chicharrón:
a problem, a
complication you
can't get rid of
✎ *Ahora me
clavaron este trabajo
a mi, que chicharrón.*

chichipato: to be
'cheap' or tight-
fisted
SYN: arrancado,
pobre, tacaño
ANT: amplio,
bondadoso
✎ *¡Ah! Que man más
chichipato.*

chimba: rude word
for a woman's
vagina
SYN: cuca, pan,
sapo, gallo, chocha,
arepa
✎ *Se le ve la chimba
con ese vestido de
baño.*

chimba: something
cool or nice
✎ *¡Qué chimba de
carro!*

chimba: a good
looking person
✎ *Esa pelada es una
chimbita.*

chimbada: a thing
SYN: güevonada
✎ *Terminemos
de hacer esta
chimbada de una
vez.*

chimbear: to bother
someone, or to wind
someone up
SYN: molestar,
cansonear,
guevonear
✎ *Deje de chimbear
a Juan que lo sale
cascando.*

chimbo: penis
SYN: miembro, pene,
pipi
✎ *No, es que a las
viejas les gusta el
chimbo bien grande.*

china: hair bangs

CHINA

chino: a young person
SYN: muchacho, pelado
ANT: cucho, viejo
✎ *Venga chino, traígame la chaqueta.*

chirrete: someone tacky, low-class and usually delinquent
SYN: ñángara, valija, ñarria, liendra
✎ *No vayas a meterte por allá que está lleno de chirretes, que miedo.*

chispa: the sun, meaning it's hot
✎ *Mera chispa la que está haciendo hoy.*

chivera: goatee-type beard
✎ *Córtese esa chivera tan fea.*

chiviado: false, pirated
SYN: falso, imitación
ANT: original
✎ *No parce, ese reloj no es un Rolex, eso es chiviado.*

choborro: from the word 'borracho', drunk
SYN: prendido, embellecido
ANT: sobrio, en sano juicio
✎ *Yo no me acuerdo de nada porque ayer estaba todo choborro.*

chócoros: miscellaneous kitchenware
✎ *Ve a lavar esos chócoros.*

chompa: from the word ´jumper´, sweater with a hood
SYN: buso, chaqueta

🖋 *Ponete la chompa que va a llover muy duro.*

CHOMPA

chucha: the smell of a stinky armpit
SYN: zorra, golpe de ala
🖋 *¡Qué chucha la que tiene ese man!*

chulo: a dead body
SYN: un muerto, un muñeco
ANT: vivo
🖋 *Ah, ese man se estrelló muy duro en la moto y ahí mismo quedó chulo.*

chulo: rubber band, to tie hair back
🖋 *Olivia, pásame el chulo para el pelo.*

chumbimba: a gunfight
SYN: balacera, dar plomo, dar balín
🖋 *Ese man es muy de buenas que no se murió con ese montón de chumbimba que le dieron.*

chupar: to kiss, make out
🖋 *Ayer me chupé a una vieja más buena.*

chupar piña: to kiss
SYN: besar
🖋 *No, ese man ya no viene si se fue a chupar piña con esa vieja.*

churria: diarrhea
🖋 *Estoy enfermo con churria.*

chusca: marihuana
SYN: marihuana, bareta, moño
🖋 *Hey parce, ¿me*

trajo la chusca?

chusco: cute, attractive
SYN: chayán, lindo
ANT: feo

chuzo: any type of business premises
SYN: local, establecimiento comercial
✏ *Vámonos pa'l chuzo y allá nos tomamos unas polas.*

cipote: something big
✏ *Cipote casa la que compraste.*

cocodrilo: an ugly female
SYN: gurre, cocodrilo, babilla
✏ *Uy no, yo a ese cocodrilo no me le acerco.*

colino: high on drugs
SYN: trabado, cuesco
ANT: en sano juicio
✏ *¡Hey! Mira al Juancho como está de colino con ese*

bareto.

combo: a group of people, could be a gang or could just be a group of friends
SYN: gallada
✏ *¡Hey! ¡Pilas que los del combo de arriba están maneados!*

come trapo or **cometrapo:** hunger, the munchies
SYN: hambre
ANT: llenura
✏ *¡Uy parce! Vamos a buscar comida que esta traba me dio mera come trapos.*
✏ *Tengo una cometrapo. ¿Qué hay pa' comer?*

comer: to screw
SYN: pichar
✏ *¿Supiste que Luis se comió a Juliana?*

comer a alguien: to have sex with someone
SYN: pichar
✏ *No, parce es que yo a veces sueño*

que me voy a comer esa vieja.

corroncho: someone or something tacky and low-class
✎ *Que hombre tan corroncho; como habla y como se viste.*

cosedora: stapler
✎ *¡Qué sensación tan hermosa esa de enterrarse un gancho de cosedora!*

COSEDORA

cotizar: to seduce or court for a serious relationship
SYN: cortejar
✎ *Ese man se fue a cotizar con esa vieja.*

creído: stuck up, snobby

SYN: escamoso, pinchado
✎ *No es por ser creído, pero el almuerzo me quedó muy bueno.*

crispetas: popcorn
✎ *Cuando uno va a cine toca comer crispetas.*

CRISPETAS

cruce: a favor
SYN: un catorce, un favor
✎ *Parce, necesito que me haga un cruce.*

cuadrarse: to become boyfriend and girlfriend
SYN: ennoviarse, conseguir pareja
ANT: despegarlo, echarlo, terminar

23

Es que la Tatiana y Braulio van a cuadrarse.

cuadro: dude, a friend
Ajá cuadro, ¿y tu qué?

cuca: cool, awesome
¡Qué cuca!

cuca: rude word for a woman's vagina
SYN: sapo, pan, gallo
A esa vieja se le forra toda la cuca con ese pantalón.

cucallo: the hard rice that gets stuck to the bottom of the pan
Dame ese cucallo, yo me lo como.

CUCALLO

cucha: mother or older woman

cucha: older woman
SYN: señora, vieja
ANT: joven, niña, señorita
¿Sabe qué? No joda a esa cucha que tiene problemas conmigo.

cucho: older man
SYN: señor, viejo
ANT: joven, niño
Ese cucho me dió 10,000 barras. Es que me lleva en la buena.

cucho: father
SYN: señor, viejo
ANT: joven, niño
No, el cucho no me dejó salir hoy.

cucos: women's underwear
SYN: calzones de mujer, bordos de olla
Brenda, tráigame los cucos.

culebra: a person who has lent money

No, la cucha no me dejó salir hoy.

to another person, debtor
SYN: acreedor
ANT: deudor
🖉 *Ah, yo mejor me voy, que allí viene una culebra y me empieza a cobrar.*

culebra: a debt
🖉 *Tengo que conseguir plata para pagar una culebra que tengo.*

culiar: to have anal sex
🖉 *Ahí hay dos maricas culiando.*

culicagado/a: a derogatory word for a child
🖉 *¡No me aguanto más a este culicagado tan cansón!*

culichupado/a: someone with a flat ass
🖉 *Ese man es todo culichupado, le quedan los pantalones colgando.*

culipronta: a slut
SYN: perra, zorra, zunga
🖉 *Esa se acuesta con cualquiera, es una culipronta.*

culo: in the caribbean coast, something cool or nice
🖉 *¡Culo de carro el que te compraste!*

culo: in Bogotá, someone immature or annoying
🖉 *¡Qué tipo tan culo!*

cumbamba: chin
SYN: mentón
🖉 *¡Qué barro tan feo tienes en la cumbamba!*

Curramba: a nickname for the city of Barranquilla
🖉 *Me voy de paseo para Curramba.*

curtirse: to humiliate oneself, to make

onself look bad
✏ *Te curtiste ahí con esa pelada por haberle dicho eso.*

dar bomba: to instigate, provoke, goad
✏ *Le dió bomba hasta que se emputó y le pegó.*

dar casquillo: to display oneself in an obvious way in an effort to be seductive; to be casquillera
✏ *Esa vieja es más mostrona, le encanta dar casquillo.*

dar gateo: to covertly display one's underwear (a female) for a man's viewing pleasure
✏ *Esa pelada vive dando gateo, siempre se le ven los calzones.*

dar gatillo: to fire a gun
SYN: disparar, dar balín, dar chumbimba
✏ *No, ese man es un duro pa' dar gatillo.*

dar lora: to talk about trivial stuff, to gossip
✐ Acá hemos estado dando lora toda la tarde.

dar papaya: to make oneself vulnerable to being attacked or robbed
SYN: descuidarse
ANT: estar atento
✐ Ah, es que esa vieja dió papaya dejando la puerta de la casa abierta y se le llevaron todo los ladrones.
✐ Estás dando papaya con esa cartera abierta pa' que te roben.

dar piso: to kill someone
SYN: matar, asesinar, poner a chupar gladiolo
✐ Vamos a darle piso a esa nea.

dar plomo: to shoot a gun
SYN: dar bala

✐ Enciérrase que van a dar plomo hoy.

darlo: to give it up, to have sex
✐ Esa se lo da a cualquiera.

darse el champú: to go somewhere elegant or surround yourself with important people in order to make yourself look good
✐ Se fue pa' ese restaurante solo pa' darse el champú.

darse en la torre: to smoke marijuana
SYN: trabarse, pegarse un vuelo
ANT: estar en sano juicio
✐ ¡Hey parce! Vamos a darnos en la torre.

de malas: too bad
✐ Ah, si no te gusta, de malas.

de papayita: something easy
✐ Ese exámen

estaba de papayita.

descachado/a:
someone who is not
funny
✐ *Ese man jura que
es charro pero es
más descachado.*

descacharse: to
make a mistake and
make a fool out of
oneself
✐ *Ah, te
descachaste ahí con
eso que dijiste.*

descache: something
that is not funny
✐ *Ah, que descache
de chiste.*

desechable: a
derogatory term for
a homeless person
✐ *Esta calle
está llena de
desechables, que
horror.*

desparchado: bored,
with nothing to do
SYN: aburrido,
desocupado
ANT: ocupado

✐ *¡Hey! Invítame a
jugar billar que ando
más desparchado
que un putas.*

desparche: the state
of having nothing
interesting to do, also
"estar desparchado"
✐ *Que desparche,
parce, no hay nada
pa' hacer.*

despéguela: get out
of here
✐ *¡Despéguela pues!*

duro: high-ranking
mafia man
SYN: mafioso, capo
✐ *Ese man ya se
volvió un duro.*

E

echar: to break up with someone
✎ *Mi novio me echó.*

echar la leva: to cut class or to blow off work

echar los perros: to flirt
SYN: coquetear
✎ *¿Sabe qué parce? Le voy a echar los perros a esa vieja que está más buena.*

echar los perros: to court someone, to try to conquer them
✎ *Ese pelao me está echando los perros, pero él a mi no me gusta.*

echarse un motosito: a nap
SYN: una siesta, un sueñito
✎ *Mejor venga a las 3:00 p.m. para yo almorzar y luego pegarme un motosito.*

el 8: a 38 caliber revolver
SYN: revólver
✎ *¡Hey! Tráeme el 8 que le voy a dar piso a un pirobo.*

embalado: to have a problem
✎ *Estoy más embalado con esta tarea, no sé como se hace.*

embarbascado: to get tangled up, not know how to do something
✎ *Ella se embarbasca cuidando a un bebé sola.*

ECHARSE UN MOTOSITO

empeliculado: out of contact with reality,

29

with exaggerated perceptions
SYN: exagerado
ANT: racional
✐ ¡Ah! es que ese man anda todo empeliculado porque esa vieja le dio un beso en el cachete.

emputado or **emputarse:** to get angry, pissed off
SYN: estar puto,
✐ Le dije la verdad y se emputó.

en bombas: quickly
SYN: a la lata, rápido
ANT: lento, pasivo, perezoso
✐ Vaya por la leche en bombas.

encanado: to be locked up in jail
✐ Ese man está encanado en la USA.

encarretado: to be caught up with something, to be enthusiastic about it
✐ Estoy super encarretado con este juego, está buenísimo.

encarretarse: to get together with someone or to get absorbed in something, such as your studies
SYN: involucrado
ANT: de mala gana, sin animo
✐ Es que Pamela está encarretada pintando paisajes.

encarretarse: to hook up with someone
✐ El viernes pasado me encarreté con Andrea.

encarte: to have a problem you can't get rid of
SYN: chicharrón
✐ Que encarte con esa pelada, está toda enamorada de mi y no sé como quitármela de encima.

encender: to beat

someone up
SYN: levantar
✐ *Te voy a encender a puños.*

encoñado: to be attracted to someone purely for the sex
✐ *Eso ahí no hay amor, el lo que está es encoñado.*

engallar: to accessorize, adorn, pimp out, to do something up and make it look better, for example a car or a house
SYN: adornar
✐ *Con la plática de esta semana voy a engallar la moto.*
✐ *Tiene el carro todo engallado, le compró rines nuevos y todo.*

enguayabado: hung-over
SYN: estar en sano juicio
✐ *No, es que con ese montón de cervezas de ayer amanecí más enguayabado.*

enguayabado: to be very sad
✐ *Él siempre quedó muy enguayabado con la muerte del papá.*

enroscado: angry
SYN: piedro, verraco
ANT: tranquilo
✐ *Ojo, que ese man está enroscado y si le dices algo va y nos casca.*

escamoso: stuck up, snobby
SYN: pinchado, creído

ESFERO

esfero: a pen
SYN: lapicero

✎ ¿No les ha pasado que están haciendo tareas y depronto se les desaparece el esfero, y escarban por todos lados, y al final lo tienen al lado?

espumosa: beer
SYN: fría

ESPUMOSA

estar colgado: to be skint, poor, broke
SYN: arrancado, sin plata, con problemas
ANT: estar bien, estar abonado
✎ Nada parce, no tengo ni pa'l bus. Estoy colgado.

estar llevado del putas: to be fucked
✎ No tengo ni un peso y me echaron del trabajo, estoy pero llevado del putas.

estar mamado: tired, worn out

estar parchado: to enjoy what you are doing or the place you are in
SYN: contento
ANT: aburrido, desparchado
✎ No parce, es que no puedo ir porque estoy todo parchado en esta fiesta.

estar parolo: to have an erection
✎ Uy parce, estoy más parolo.

estar puto: to be angry, pissed off
SYN: emputarse, estar emputado
✎ No me hables que estoy más puto.

estar rayado: to be crazy
SYN: loco
ANT: sano, cuerdo
✐ *No hable con la cucha que está como rayada.*

F

fajiado: flush, loaded
SYN: luqueado, guaqueado, caleto
ANT: arrancado, pelado
✐ *Si vas a tomar en la Zona Rosa tienes que estar fajiado.*

FAJIADO

falso: hem

fiera: a fierce woman
SYN: brava, patico
ANT: amable, amorosa
✐ *No, es que esa vieja es mera fiera.*

fierro: a gun
SYN: pistola, arma
✐ *Hey, tráeme el fierro que vamos es a dar balín.*

filo: hunger
✐ *¡Tengo un filo! Me*

33

comería un caballo
entero.

fresco: soda, pop
SYN: gaseosa

FRESCO

fría: a beer
SYN: espumosa
✐ *Vamos a tomarnos
unas frías.*

fufurufa: prostitute
SYN: puta, perra,
prostitute
✐ *¿Sabes qué? No
me digas nada más
fufurufa.*

ful: full
SYN: lleno, complete
ANT: vacío
✐ *Cierre la llave, que
ese tanque ya está
ful de agua.*

full: very
✐ *Esa camisa está
full bacana.*

G

gafas: eye glasses

GAFAS

gallada: a group of people, could be a gang or could just be a group of friends
SYN: combo
✎ ¡No, es que nos fuimos una gallada de gente para ese concierto!

gallo: rude word for a woman's vagina
SYN: sapo, pan, cuca
✎ Esa pelada tiene el gallo sucio.

gamín: child who lives on the streets, usually a delinquent
SYN: desechable
✎ No, parce es que usted sí es muy gamín para hablarle a las viejas.

garras: long fingernails
✎ Ella está arriba arreglándose las garras.

garro: a cigarette
SYN: pucho
✎ Oiga. ¿Tiene un garro que me regale?

gas: an expression of disgust, gross
✎ ¡Gas! ¡Este lugar huele asqueroso!

¡gas!: yuck! gross!
SYN: guácala, asco
ANT: ¡qué rico!
✎ ¡Gas! ¡Esa comida preparada en la calle!

gaseosa: soda, pop
SYN: fresco

gasolinera: a female who is only interested in a man because of his car
✎ Esa vieja es una gasolinera, solamente sale con manes que tengan carro bacano.

gatear: to look at a woman's underwear on the sly
✍ *Ayer se le veian los calzones a Carolina, me la gateé entera.*

gatiar: to look at a woman's underwear on the sly
✍ *Ayer se le veian los calzones a Carolina, me la gatié entera.*

golear: to rob
SYN: robar
✍ *Ah, ese man se fue al centro y se goleó ese reloj.*

golpe de ala: the smell of a stinky armpit
SYN: chucha, zorra
✍ *¡Uff, casi me matas con ese golpe de ala!*

gomelo: rich kid
SYN; niño rico
ANT: gamin
✍ *Hey, vamos a joder al gomelo.*

gomelo/a: someone who is or wants to be high class, boasts about material things and looks down upon other social classes
✍ *Que fastidio ese man es más gomelo, no le para bolas sino a las marcas de las cosas.*

gonorrhea: something or someone that sucks
✍ *¡Qué gonorrea de camiseta!*

gonorsovia: someone who is bad out of stupidity rather than evil
SYN: pichurria
ANT: calidoso
✍ *No, es que usted si es mera gonorsovia.*

GREÑERO

greñero: messy hair
ANT: peinado
✎ *Vaya quítese ese greñero que así no parece un hombre.*

grilla: easy or tarty woman
SYN: zorra, fufarufa
ANT: una muchacha buena
✎ *No, parce esa vieja es muy bonita pero es mera grilla.*

grilla: a female who is tacky, vulgar, dresses hideously, is usually slutty and an exhibitionist
SYN: loba, zorra, fufarufa
ANT: buena
✎ *Que grilla esa vieja como se viste.*

¡guácala!: yuck! gross!
SYN: gas
ANT: ¡que rico!
✎ *¡Guácala! Ese jugo sabe a juagadura de calzón.*

guache: someone rude, crass, uncouth,
✎ *Es un guache, no sabe tratar a las mujeres.*

guaqueado: flush, loaded
SYN: luqueado, caleto
ANT: arrancado, pelado
✎ *Se fue a trabajar en las minas y salió guaqueado.*

güaro: short for aguardiente
SYN: aguardiente
✎ *Bienaventurados todos lo que beberán güaro esta noche.*

GÜARO

guayabo: hang-over

SYN: resaca
ANT: sano juicio
✐ *Esa vieja ni se pudo levantar con el guayabo que le dio la farra de ayer.*

güevón: literally means someone with big balls but is used among friends as an appellative
✐ *¿Qué más, güevón bien o no?*

güevón: an idiot
✐ *Ese man es más güevón. ¿Cómo es que se deja engañar?*

güevonada: a thing
SYN: chimbada
✐ *Pásame esa güevonada.*

gurre: ugly woman
SYN: una vieja fea, zapato, cocodrilo
ANT: mamacita
✐ *No, es que usted si se consigue meros gurres de novias.*

H

hacer el oso: to humiliate yourself, to look like a fool
✐ *Estás haciendo el oso con esa manera de bailar.*

home: man
SYN: hombre, man
ANT: mujer, jermu, vieja
✐ *Acá no vengas a guevonear home.*

huesera: boring, not funny
✐ *Esa película es culo de huesera.*

J

jermu: from the word 'mujer', woman
SYN: vieja, mujer
ANT: hombre, man
✐ *No me molestes la jermu.*

jopérico: something really boring
✐ *Culo de fiesta jopérica.*

jopo: ass
✐ *Esa pelada tiene el jopo enorme.*

jopo: something that sucks
✐ *Esta fiesta está jopo, mejor vámonos.*

L

la bezaca: from the word 'cabeza', head
SYN: el coco, la torre
✐ *Se emborrachó, se cayó y se pegó en la bezaca.*

la chimba: no way
SYN: las güevas
✐ *No, la chimba, a mi no hables así.*

la liga: money; tip
SYN: billullo, billete, lucas
✐ *¿Sabe qué cucho? Deme dos mil de liga y todo bien.*

la moga: packed lunch, sack lunch

la torre: head
SYN: el coco, la tusta
✐ *Ese man es un bobo, no tiene nada en la torre.*

la tusta: head
SYN: el coco, la torre
✐ *¡Uy! me dio un golpe en la tusta.*

la verga: penis

39

SYN: chimbo, pene, pipi
@ *A ese man todos los pantaloncillos le quedan pequeños porque se le sale la verga.*

lacra: someone who is indiscreet and makes others look bad
@ *¿Qué lacra, pa' que dijiste eso? Me hiciste quedar como un culo.*

lambón: a suck-up, brown noser
@ *Ese man es un lambón con el jefe.*

lapicero: a pen
SYN: esfero
@ *En mi oficina, por cada lapicero hay dos ejecutivos.*

las güevas: no way
SYN: la chimba
@ *Las güevas que yo me voy a dejar robar.*

las ñatas: nose

SYN: la nariz
@ *Vaya suénese esas ñatas que se le ven muy feos esos mocos.*

LE COJIERON LA VENA

le cojieron la vena: she's pregnant
SYN: estar embarazada
@ *Ella es muy bobita, le cojieron la vena.*

leche: luck
@ *Que leche la mia, todo me sale mal.*

levantar: to conquer someone
SYN: hacer un levante
✏ Anoche me levanté una pelada divina.

levantar: to beat someone up
SYN: encender
✏ ¡Te voy a levantar a pata si no te callas!

líchigo: to be broke, penniless
✏ Me quede sin un peso, estoy líchigo.

líchigo: to be tight-fisted, stingy
✏ El jefe es mas líchigo, no ha querido comprar una impresora nueva.

liendra: someone tacky, low-class and usually delinquent
SYN: ñángara, valija, ñarria, chirrete
✏ Que liendras esos manes que están allá.

limpio: unarmed
SYN: desarmado
ANT: armado, mancado, maneado
✏ Ah, déjelo seguir que ese man está limpio.

llave: dude, a friend
SYN: llavería, parce, parcero
✏ Ese man es llave mía.

llavería: dude, a friend
SYN: llave, parce, parcero
✏ ¿Entonces qué, llavería? ¿Bien o no?

llavero: friend
SYN: ñero, parcero
✏ Hey llavero, présteme 5000 lucas ahí de buena.

llevado: screwed, could be sick, broke, heart-broken or for another reason
SYN: jodido
ANT: bien
✏ No, dejá ese borracho en el piso

que ese man está
todo llevado.

lobo/a: someone or
something tacky and
flamboyant
✎ *Ese vestido está
lobísimo.*

locha: laziness
SYN: pereza
ANT: ánimo
✎ *No, es que yo me
voy a dormir porque
está haciendo mera
locha.*

lucas: money
SYN: plata, dinero,
billullo
✎ *Hey parce,
páseme 5000 lucas
que mañana se los
pago.*

luqueado: flush,
loaded
SYN: caleto,
guaqueado,
abonado
ANT: arrancado,
pelado
✎ *Hoy sí vamos
pa cine que estoy
luqueado.*

42

M

machete: a cheat
sheet
SYN: pastel
✎ *No dejes que te
pillen el machete, ahí
viene la profesora.*

macheteado: made
or done roughly and
without skill
SYN: mal hecho
ANT: fino, bien hecho
✎ *Ah, es que usted
tiene esas sumas
todas macheteadas
y por eso la plata no
le cuadra.*

maíz pira: popcorn
SYN: crispetas
✎ *Si encuentro a mi
amor en algún lugar,
me llevará a cine,
me comprará maíz
pira, M&M's y un
shake de manzana.*

maletas: in reply to
the question "how
are you?", to replace
"mal".
SYN: mal
ANT: bien, vientos
✎ *Hey parce,*

¿Vientos o maletas?

maluco/a: something that tastes or smells bad
✐ *Esta comida está tan maluca.*

maluco/a: an ugly person
✐ *Ese pelao está muy maluco.*

mamado: sick and tired
SYN: cansado, aburrido
ANT: contento
✐ *No, es que estoy mamado de tener que coger dos buses para ir al colegio.*

mamar gallo: to tease, make fun of, fool around
✐ *No te lo dijo en serio, te estaba mamando gallo.*

mamera: laziness
SYN: locha
✐ *Que mamera ir a trabajar hoy.*

mamola: no way
✐ *¿Pagar más impuestos? ¡Mamola!*

man: a guy of any age
✐ *Yo no conozco a ese man.*

manchatripas: a cheap and brightly-coloured wine or powdered fruit drink
✐ *Está bueno ese manchatripas.*

mañe: common, tacky
SYN: ordinario
ANT: play, fino
✐ *No, es que este man si compra una ropa muy mañe.*

mañé: someone or something tacky
✐ *Ay no, ese adorno está demasiado mañé.*

maneado: armed
SYN: armado

manga: grass
✐ *No se puede pisar*

43

la manga del jardín.

maqueta: a bad student
✐ *Que maqueta, perdió 5 materias.*

marcar: to visit one´s girlfriend
SYN: caer a una vieja, cotizar, cortejar
✐ *Esta noche no puedo porque tengo que marcar.*

marimba: marihuana
SYN: moño, bareta
✐ *Esos manes meten pura marimba.*

marquillero/a: someone who only likes expensive brands and labels
✐ *Es súper marquillero, no usa sino Marc Jacobs.*

matapasiones: women's underpants, high briefs or granny style
✐ *Yo tengo una matapasiones que puede servir.*

me importa un culo: I don't give a shit
✐ *Me importa un culo lo que hagas.*

mecatear: to snack
✐ *Vamos a mi casa a mecatear.*

melena: literally mane, refers to a person who's hair is cut to the shoulders

melona: food
SYN: comida
✐ *No parce, es que apenas llegue al rancho me voy a meter una melona.*

MELONA

melonear: to eat
SYN: comer, tragar, ñasquear
ANT: tomar, bogar, tener filo, tener hambre

✐ Espéreme yo voy a a casa a melonear.

mero: very
✐ Mero sol el que está haciendo hoy.

mierdero: a mess
✐ Eso quedó un mierdero después de la fiesta.

mirar como un culo: to give someone the evil eye
✐ Soy la amiga a la que no le cuesta sonreír, pero tampoco mirar como un culo a quien definitivamente no le cae bien.

MISACA

misaca: from the word 'camisa', shirt
SYN: camisa
✐ Hay que poner misaca para entrar a la Iglesia.

mogoso: rusty
SYN: oxidado
✐ No lleves este cuchillo que está todo mogoso.

mondá: penis
SYN: miembro, pene, chimbo, pipi
✐ Tengo la mondá tiesa.

mondá: a thing
✐ Pásame esa mondá.

mondaquera: a hard fuck
✐ Me gustaría darle una buena mondaquera por ese jopo.

moño: marihuana
SYN: marimba, bareta
✐ En ese parque venden moño.

45

morral: backpack
SYN: mochila, bolso
✐ *Echemos toda la comida del paseo en un morral y lo demás en un costal.*

moscones: big sunglasses
✐ *Hey, que moscones tan gomeludos.*

motilarse: to get a haircut
✐ *Tengo que ir a motilarme, tengo el pelo demasiado largo.*

moza: mistress
SYN: querida
✐ *Esa es la moza de él.*

muñeco: a dead body
SYN: un muerto, un chulo
ANT: vivo
✐ *Yo iba pasando por la carretera y había un muñeco ahí tirado.*

muñequera: a fistfight
✐ *Se formó culo de muñequera a la salida del estadio.*

N

ñala: a dagger, knife
✐ *Pilas con ese man que anda armado, tiene una ñala.*

ñángara: someone tacky, low-class, ordinary and usually delinquent
SYN: chirrete, valija, ñarria, liendra

narizona: men's underpants, brief style
✐ *Le voy a poner a mi novio una tanga narizona.*

ñarria: someone tacky, low-class, ordinary and usually delinquent
SYN: chirrete, valija, ñángara, liendra

ñasqear: to eat
SYN: comer, tragar, melonear
ANT: tomar, bogar
✐ *Vámonos a ñasquear al restaurante caro.*

nea: dude
SYN: parce
✐ *¿Entonces qué nea, bien o no?*

nea: insulting word to describe a mean or insensitive person

ñero: friend, from the word "compañero"
SYN: parcero, llavero
✐ *Oye ñero, véndame un moño.*

ñero: someone tacky and low-class
✐ *Ese es un ñero ordinario ahí.*

¡no joda!: an expression to indicate exclamation, either good or bad
✐ *¡No joda! ¿Viste a ese culo de pela' bonita que paso ahí?* (good)
✐ *¡No joda! Tú sí estás jodido pues.* (bad)

nuevayor: new
SYN: nuevo

ANT: viejo
✎ Hey, ¿esos pisos
estan nuevayor?

O

oe: hey!
✎ ¡Oe! vení pa acá
un momento!

olla: a place drugs
are sold
✎ Nos vemos en la
olla a las tres.

P

pa joderte a ti: yeah, right
✐ ¿Qué ese carro es tuyo? Pa' joderte a ti.

paila: out of luck
SYN: de malas, llevado
ANT: de buenas
✐ No, es que Giovani le chuzó las cuatro llantas al carro y quedó paila.

pailas: an expression that means that nothing else can be done
✐ Esa plata ya se perdió, ya pailas.

pálida: a condition where one feels faint, sick, dizzy
✐ Me dió la pálida por ponerme a tomar tanto.

palanca: pull strings
✐ En todos los medios del país, el periodismo es mal pago, a menos que tengas palanca

o seas una vaca sagrada.

pan: rude word for a woman's vagina
SYN: cuca, gallo, sapo, chimba, arepa
✐ No se afeita el pan.

panchita: a type of bottle size for alcohol equivalent to 375 mL
✐ Compraron otro garrafón y una panchita.

panela: a phone or computer which is out of date and therefore seems big and heavy
SYN: grande, viejo, obsoleto
ANT: nuevayor, nuevo, modern
✐ Que panela de celular tienes.

papeleta: a person who makes everyone laugh
SYN: chistoso, divertido
ANT: aburrido

🖉 *Ah, es que ese man borracho es mera papeleta.*

par güevazos: quickly, immediately
🖉 *Tranquilo que esto lo terminamos de hacer en par güevazos.*

parar bolas: to pay attention
🖉 *¿Estás parando bolas a lo que te estoy diciendo?*

parce: friend, buddy, dude
SYN: llavero, parcero, ñero
🖉 *Hey, parce, ¿sabe qué hora es?*

parchar: to hang-out with friends
SYN: reunirse
🖉 *Ah, es que a las tres no puedo porque me voy a parchar en el parque con unos amigos.*

parcharse a alguien: to make out with someone
SYN: besar a alguien, tener sexo
🖉 *Es que esta noche me voy con las lucas para ver si me parcho a la Noelia.*

parche: a social get-together or party
SYN: reunión, fiesta, rumba
🖉 *Esta noche les caigo al parche con una botella de vinacho.*

parche: a place where people meet
SYN: lugar, sitio
🖉 *Nos vemos en el parche de siempre.*

pastel: a cheat sheet
SYN: machete
🖉 *Hice un pastel para el exámen de ciencias.*

pastelear: to cheat in a test or exam
SYN: hacer trampas
🖉 *Sacá el libro para que podamos pastelear.*

patas: legs
SYN: piernas
✏ *¡Qué patas tan buenas!*

PATAS

patico: from the words 'panther', 'tiger' and 'crocodile' put together, for a volatile woman
SYN: fiera
ANT: amable, tranquila, amorosa
✏ *¡Es que esa vieja es un patico!*

pea: drunkenness
SYN: prenda
✏ *¡Qué pea la que tengo compadre!*

peao: to be drunk
SYN: prendo
✏ *Tú lo que estás es peao.*

pechichar: to cuddle, to baby someone
✏ *Mi abuelita está pechichando al niño.*

pecueca: bad smell from someone´s feet
✏ *Que pecueca más brava la que tienes.*

pegarle a eso: to have sex, to do it with someone
SYN: hacer el amor, follar
✏ *Vamos a pegarle a eso, mamacita.*

pegarle a la coca: to eat
SYN: comer, tragar, ñasquear
ANT: tomar, bogar
✏ *Trabajemos hasta las once y luego le pegamos a la coca.*

pegarse un vuelo: to smoke marihuana
SYN: trabarse, darse en la torre
ANT: estar en sano juicio
✏ *Hey ñerito, vamos*

a pegarnos un vuelo.

pegarse una fulca: to take a shit
SYN: cagar, defecar
✐ *Pana, nos vemos ahora que me voy a pegar una fulca.*

pelado: skint, broke
SYN: pelado, llevado
ANT: luqueado, caleto
✐ *Le pago la otra semana porque hoy estoy pelado.*

pelado/a: a guy or girl. The masculine form is usually pronounced without the letter d, pelao
✐ *¿Ese pelao quién es?*

pelar: to show
SYN: mostrar
ANT: esconder
✐ *Yo no lo atraqué, yo solamente le iba a pelar el cuchillo y él me entregó la billetera.*

pepas: pills
✐ *Compraron un montón de pepas pa' metérselas en la discoteca.*

PEPAS

percanta: someone who sucks, a bad person
✐ *Ese Juan si es una percanta.*

perico: milky coffee, in Medellín
SYN: café con leche
✐ *Deme un perico y dos buñuelos por favor.*

perico: scrambled eggs, in Bogotá

perico: cocaine
✐ *Ese man de la esquina vende perico.*

periquero: someone who does cocaine
✎ Ese Pedro es más periquero.

perrata: bad quality
✎ Compré una tv nueva pero me salió más perrata, ya se me dañó.

perro/a: slut, whore
✎ Esa Adriana es una perra, se come a cualquiera.

pescuezo: neck
SYN: cuello
✎ Si sigues molestando te retuerzo el pescuezo.

peye: a bad person or action
SYN: gonorsovia, pichurria
✎ No, yo no voy con ese man al partido porque es un peye.

peye: someone or something that sucks
✎ ¿No vas a venir? ¡Qué peye!

picado: someone stuck-up
✎ Es un picado, ni me saludó.

pinchado: stuck up, snobby
SYN: escamoso, creído
✎ Qué pesado, empezando la mañana y pinchado.

pichar: to fuck
SYN: comer
✎ Esos dos se mantienen pichando.

pichurria: someone who is bad out of stupidity rather than evil
SYN: gonorsovia, peye
ANT: buena gente
✎ Devuélveme las llaves no seas pichurria.

pichurrio: small, insignificant
✎ Que pedazo de torta más pichurrio el que me tocó.

piedra: anger
✐ *¡Tengo una piedra con este idiota que me chocó el carro!*

piedro: angry
SYN: verraco, enfadado, bravo
ANT: tranquilo, amable, calmado
✐ *No, mejor no le diga nada a ese man que está todo piedro y lo sale es cascando.*

pilas: to be careful or alert
SYN: atento, cuidadoso
ANT: lento,bobo, dormido, sonso
✐ *Es que renata siempre está pilas a ver quien llega y le pide plata.*

pillar: to see
✐ *Bueno, nos pillamos más tarde.*

pillo: a gang member
SYN: pandillero, delincuente
54

ANT: man bien, man correcto, derecho
✐ *Ah, es que el Norman ya se volvió un pillo.*

pimentón: bell pepper
✐ *Acabo de hacer una salsa de queso y pimentón que, bueno, tienen que probarla.*

PIMENTÓN

pinta: a good looking man
✐ *George Clooney es muy pinta.*

pinta: an outfit
✐ *Esta es la pinta que me voy a poner el viernes.*

pipona: a full bottle of 750 mL for alcohol
SYN: canillona
✎ *Deme dos piponas y una panchita.*

pique: a race between 2 cars out on the streets
✎ *¡Le gané un pique a un Audi!*

pirobo: son of a bitch
SYN: gonorrea, hijo de puta
ANT: buena gente
✎ *¡No me molestes más pirobo!*

pisos: shoes
SYN: zapatos, tennis, calzado
✎ *¡Hey parce! ¿Dónde compró esos pisos?*

pitaso: a drag, of a cigarette or spliff
✎ *¡Hey parce! Dame un pitaso, no se fume ese bareto usted solo.*

play: expensive and exclusive, could be a person, place or object, For example: car, clothing, food
SYN: gomelo, rico, costoso
ANT: ordinario
✎ *Uy parce, es que este sí es un rancho play.*

play: a juvenile word for cool
✎ *¡Ese lugar es super play!*

pola: beer
SYN: cerveza, fría
✎ *Vamos pa'l bar a tomarnos unas polas.*

polla: girlfriend
SYN: novia
✎ *Voy a salir con la polla.*

poner a chupar gladiolo: to kill someone
SYN: dar piso, matar, asesinar
✎ *No, es que a ese man hay que ponerlo a chupar gladiolo.*

prenda: drunkenness

SYN: pea
⊘ *¡Qué prenda*
la que estoy
manejando!

prepago: high-class
prostitute
SYN: puta, perra,
prostitute
⊘ *No parce. Es que*
no hay billullo pa'
una prepago.

pucho: a cigarrette
SYN: garro

PUCHO

puede llorar: you
can do whatever you
want but you won't
change my mind
⊘ *¿Quiere que le*
regale mi trago?
Puede llorar.

pupi: high class
⊘ *Ese man es todo*
pupi.
56

¡qué filo!: I'm
starving!
SYN:¡qué hambre!
ANT:¡qué llenura!
⊘ *¡Qué filo, parce!*
Vamos a comernos
un pollo entre los
dos.

¿qué más?: a
generic term for
hello, how are you,
etc.
⊘ *¿Qué más, qué*
cuentas?

quedar como un
culo: to look bad
⊘ *Me hiciste quedar*
como un culo. ¿Para
qué contaste esa
historia?

quedar foqueado: to
be exhausted, from
the word 'fucked'
SYN: dormirse
ANT: despertarse
⊘ *Es que es muy*
maluco trabajar con
ese man porque
siempre se queda
foqueado.

quedarse gringo: to not understand
SYN: quedarse sano
ANT: enterarse, estar atento
✎ Ah, es que ese man se quedó gringo cuando esa vieja le mató el ojo.

querida: mistress
SYN: moza
✎ Ese tiene esposa y tiene querida.

quicas: breasts
SYN: tetas, pechos
✎ Esa vieja tiene unas quicas grandes y buenas.

quiubo: short for "que hubo", hello, what's up?
✎ ¿Quiubo, como estás?

quiubo: short for "que hubo", excuse me?
✎ ¿Quiubo, que me dijiste?

R

rancho: one's house
SYN: casa
✎ ¡Vamos pa' el rancho!

raponero: thief
SYN: ladrón, ratero, pillo
✎ Este raponero me robó ayer.

raquetiar: to search someone
SYN: revisar requisar
✎ Vení, vamos a raquetiar a aquellos manes que están como visajosos.

rayban: glasses, dark or normal
SYN: gafas
✎ No deje las rayban en la silla que se las quiebran.

repinta: well-dressed and handsome
SYN: pinta, bonito
ANT: feo, refeo
✎ Es que ese man es mera repinta y se lleva todas las nenas.

rolo: someone from Bogotá
✎ *Mis primos son rolos.*

rompoi or **rompoy:** roundabout traffic circle, rotary. From the English word "round point"
✎ *Vaya hasta el rompoi y doble a la derecha.*

ROMPOI

rumba: party
SYN: fiesta
✎ *¡Nos vamos de rumba!*

rumbearse: to kiss, make out
✎ *Anoche me rumbié a Tatiana.*

S

sacar la piedra: to make angry
SYN: emberracar, emputarse, ponerse bravo, furioso
✎ *¿Sabe qué? No me siga pidiendo plata que me va a sacar la piedra.*

sano: innocent
SYN: ingenuo
ANT: avión, abispado
✎ *Ah, es que este man si es muy sano pa' bogarse una botella de guaro solo y pensar que no le iba a hacer nada.*

sapear: to snitch on someone
✎ *Estaba haciendo trampa en el exámen y Luisa se dió cuenta y me sapió.*

sapo: a snitch
✎ *No sea sapo, quédese callado.*

sapo: rude word for a woman's vagina
SYN: pan, gallo,

cuca, chimba
🖉 Con ese vestido
tan cortico casi que
se le ve el sapo.

sardino/a: a young
person
🖉 Mis hijos todavía
están muy sardinos.

se le moja la canoa:
homosexual, gay
🖉 A mi se hace que
a ese tipo se le moja
la canoa.

seba: gross,
disgusting
🖉 Que seba ese olor
a cañería.

seño: teacher
🖉 Seño, ¿cuál es la
tarea para mañana?

sisas: yes
SYN: si
ANT: no
🖉 Hey parce,
¿vamos a darnos en
la torre? Sisas.
🖉 ¿Ya te vas? Sisas,
está muy tarde.

soroco: stupid, a fool,

an idiot
🖉 Me tocó pararme
a abrirle a la soroco
esta.

suerte: goodbye
🖉 Bueno, suerte,
hablamos mañana.

suripanta: a slut
SYN: zunga, perra,
zorra
🖉 Ayer ví a Miguel
chupándose a una
suripanta asquerosa.

T

tabaco: a cigar

TABACO

tanga: woman's underpants, G-string or thong
✐ ¿Usas tanga hilo dental a veces? No me gustan.

tanquear: to eat
SYN: comer, tragar, melonear
✐ Hey, tengo hambre. Vamos a tanquear antes de ir a piscina.

tavuel: from the word 'vuelta', meaning something you have to go out and do
✐ Voy al centro para hacer una tavuel para mi mamá.

tener alguien en remojo: to have someone 'on standby'
✐ Por la noche no puede porque tengo una vieja en remojo.

tener gorobeta: to be hungry
SYN: tener hambre
ANT: estar lleno
✐ Mi hermanito se mantiene con gorobeta.

teso: something difficult to do
SYN: algo dificil de realizer
ANT: botado
✐ No es que subir ese morro es muy teso.

teso: intelligent or highly-skilled person, someone who is smart, good at what they do
SYN: duro
ANT: bobo, tonto, apelotardado
✐ Ah, es que ese man es un teso pa la matemática.

esuer: inverted for "suerte," means "see you later"
SYN: suerte
℮ Adiós gente, esuer.

etiao: full of people
SYN: teto
℮ Esta discoteca está tetiada, vamos pa' otra parte.

eto: full of people
SYN: tetiao
℮ El concierto de ayer estaba teto.

into: black coffee
℮ ¿Te ofrezco un into?

INTO

irar caja: to laugh

℮ Que tiradera de caja ese man, ese demasiado charro.

tirar los carros: to flirt
SYN: cortejar, cotizar
℮ Esta semana le voy a tirar los carros a esa vieja.

tolundro: a spot, a zit
SYN: barro, volcán
℮ Ayer me tomé unas malteadas muy ricas, pero me sacaron un tolundro.

tomba: the police
SYN: los tombos, policía, la tomba
℮ ¡Ábranse que ahí viene la tomba!
℮ Corran guevones que se vinieron los tombos.

topitos: earrings
SYN: aretes, candongas
℮ Necesito unos topitos azules pa que casen con el bolso.

tote: a gun
SYN: arma, fierro

✐ *Parce, le doy 200 mil por ese tote.*

traba: to be high
✐ *Que traba la que tengo.*

trabado: high on drugs, usually marihuana
SYN: cuesco
✐ *Ah, vámonos de aquí que éste man trabado es muy cansón.*

trabarse: to get high
✐ *A esos manes les encanta trabarse a todas horas.*

traga: a crush on someone
✐ *Estoy más tragado de Patricia, me encanta.*

tragadero: a very cheap cafeteria
✐ *Hay un tragadero bien bueno al lado de mi trabajo.*

tragado: in love
SYN: enamorado

ANT: despechado, desilusionado
✐ *Ah, es que ese man está más tragado de esa vieja.*

tragar: to eat
SYN: comer, ñasquear, melonear
ANT: tomar, bogar
✐ *Estos manes tragaron toda la comida y no dejaron nada.*

tragueado: drunk
SYN: prendido, choborro, chévere
ANT: sobrio, en sano juicio
✐ *Traté de hablar con él, pero estaba todo tragueado.*

traqueto: a drug trafficker
✐ *Esa familia son todos traquetos, narcotraficantes.*

trasquilado: to get a bad haircut
✐ *Uy parce, te trasquilaron. ¡Qué gonorrea!*

tres puntadas: flip flops
SYN: chanclas, chanclitas
🖉 ¿Quién es tan amable y me presta unas chanclitas tres puntadas para salir a barrer el anden?

TRES PUNTADAS

tronco de: something big
🖉 Tronco de jopo el de esa pelada

tropel: fight
🖉 Eso se armó tremendo tropel en la fiesta.

tropelero: someone who likes to fight
🖉 Ese man es mas tropelero, vive peleando con todo el mundo.

tugurios: slums
🖉 La más urbanizada, ¡pero de tugurios!

tula: suitcase

TULA

tumbar: to trick someone or to rip someone off
SYN: engañar
ANT: ser honesto
🖉 No, es que ese man me quería tumbar con esos pisos tan caros.

tusa: heartbreak

63

✐ Está con una tusa horrible, la novia le terminó.

U - V

un catorce: a favor
SYN: un favor
✐ ¡Hey parce, necesito un catorce!

una rascal: a drinking-session, a piss-up
SYN: borrachera
✐ ¡Qué rasca la de anoche!

vacunar: to extort
SYN: extorsionar
✐ Vamos a vacunar al barbero pa' salir de esta pobreza tan brava.

vaina: thingy
✐ Pásame esa vaina que esta ahí.

valija: common and ugly, could be a person or an object
SYN: mañe, feo
ANT: bonito, bacano
✐ Ah, que valija de radio compró éste man.

valija: someone tacky, low-class and

usually delinquent
SYN: ñángara, valija,
ñarria, liendra
✐ *Ese man tiene una cara de valija.*

vamos a brillar baldosa: let´s dance.
Literally "lets go to shine the tiles"
SYN: bailamos
✐ *¿Vamos a brillar baldosa el viernes o qué?*

ventilador: a fan
✐ *¡Qué calor tan horrible, necesito un ventilador!*

VENTILADOR

verraco: angry
SYN: piedro, enfadado, bravo
ANT: tranquilo, amable, calmado
✐ *Ah, es que yo no voy ya a la casa*
porque mi papá está todo verraco.

verraco: brave
SYN: valiente
ANT: cobarde
✐ *Ah, es que Juancho si es un verraco, se pasó ese río nadando.*

vieja: a female of any age
✐ *Esa vieja es amiga mía.*

vientos: in reply to the question "how are you?" to replace "bien"
SYN: bien
ANT: mal, maletas
✐ *Hey parce, ¿Vientos o maletas?*

volear jíquera: to have sex
SYN: pichar
✐ *¿Qué hubo mamacita? ¿Hoy si vamos a volear jíquera?*

voy a mi arbólito: to urinate

SYN: orinar, hacer chichi
🖋 *Espérame un momento, yo voy a mi arbolito.*

y para remate: and on top of it, even worse
🖋 *¿Saben qué da vaina? Que empiece la temporada, te lesiones y para remate estar de baja por meses.*

yiyos: men's underwear
SYN: calzoncillos, ropa interior de hombre
🖋 *Cómprese otros yiyos que esos ya están llenos de huecos.*

YIYOS

zancas: big feet
🖋 *No, es que usted tiene unas zancas muy grandes.*

zapato: ugly woman

SYN: una vieja fea,
gurre
ANT: mamacita
✐ ¡Uy hermano! Que
zapato de vieja se
consiguió usted.

zorra: a slut
SYN: perra, zunga,
suripanta
✐ No te metas con
esa que es una zorra.

zunga: a prostitute, a
slut
SYN: zorra, fufurufa,
perra, suripanta
✐ ¡Ah! Esa vieja es
una zunga y sale con
todo el mundo.
✐ Esa zunga me
quitó mi novio.

PHOTOS & ILLUSTRATIONS CREDITS

Page 3 Presentation. By Marteshl (Own work) [Public domain], via Wikimedia Commons. http://commons.wikimedia.org/wiki/File%3AS-_vueltiao.jpg

Page 5 Presentación. Coffee beans photo by Jon Sullivan. http://www.public-domain-image.com/full-image/flora-plants-public-domain-images-pictures/seeds-public-domain-images-pictures/coffee-beans-photo.jpg-free-stock-photo.html

Page 10 Arrastraderas. Yet Another Shot of My Orange Sandals by compujeramey, on Flickr. http://flic.kr/p/2XPxe under CC license Attribution 2.0 Generic (CC BY 2.0).

Page 12 Billullo. By Fibonacci (Own work) [GFDL (http://www.gnu.org/copyleft/fdl.html) or CC-BY-SA-3.0 (http://creativecommons.org/licenses/by-sa/3.0)], via Wikimedia Commons. http://upload.wikimedia.org/wikipedia/commons/f/ff/COP20000_frente.jpg

Page 13 Brillar baldosa. Public domain License (CC0). http://pixabay.com/en/dance-music-people-silhouette-28818/

Page 14 Buseta. Colombia: Bus Ride from Salento to Bogota by eliduke, on Flickr. http://flic.kr/p/bqSr6P under CC license Attribution-ShareAlike 2.0 Generic (CC BY-SA 2.0).

Page 15 Calzones. ©Speaking Latino

Page 16 Caneca. Public domain License (CC0). http://pixabay.com/en/black-outline-drawing-sketch-33874/

Page 16 Candongas. Fluid Forms Streets Earrings Silver on Ear by Fluid Forms, on Flickr. http://flic.kr/p/83BfC1 under CC license Attribution 2.0 Generic (CC BY 2.0).

Page 18 Chorro. ©Speaking Latino

Page 20 China. By Boblover64 (Own work) [CC-BY-3.0 (http://creativecommons.org/licenses/by/3.0)], via Wikimedia Commons. http://commons.wikimedia.org/wiki/File%3ABangsfringe.jpg

Page 21 Chompa. Boba Fett hoodie front by marvelousRoland, on Flickr. http://flic.kr/p/cJ82DE under CC license Attribution-ShareAlike 2.0 Generic (CC BY-SA 2.0)

Page 23 Cosedora. Public domain image License (CC0). http://pixabay.com/en/red-office-tools-stapler-staple-23635/

Page 23 Crispetas. By Renee Comet (Photographer) [Public domain or Public domain], via Wikimedia Commons. http://commons.wikimedia.org/wiki/File%3APopcorn_(1).jpg

Page 24 Cucallo. ©Speaking Latino

Page 29 Echarse un motosito. Julie Goldsmith (#6228) by mark sebastian[/url], on Flickr. http://flic.kr/p/sKbvq under CC license Attribution-ShareAlike 2.0 Generic (CC BY-SA 2.0)

Page 31 Esfero. Public domain image License (CC0) http://pixabay.com/en/old-ink-black-icon-paper-pen-33077/

Made in the USA
Middletown, DE
09 July 2018